LOS JUICIOS DE NÚREMBERG

La noción de crimen contra la humanidad

Por Quentin Convard
En colaboración con Antoine Baudry
Traducido por Marina Martín Serra

LOS JUICIOS DE NÚREMBERG

- **¿Cuándo?** Del 20 de noviembre de 1945 al 1 de octubre de 1946.
- **¿Dónde?** En Núremberg (Alemania).
- **¿Contexto?** El fin de la Segunda Guerra Mundial (1939-1945).
- **¿Principales protagonistas?**
    ◦ Geoffrey Lawrence, juez británico (1880-1971).
    ◦ Robert Jackson, juez en la Corte Suprema de los Estados Unidos (1892-1954).
    ◦ Hermann Göring, mariscal del Tercer Reich (1893-1946).
    ◦ Albert Speer, ministro de Armamento del Tercer Reich (1905-1981).
- **¿Repercusiones?**
    ◦ La creación de la Corte Penal Internacional de Justicia.
    ◦ La creación de las definiciones jurídicas de las nociones de crímenes contra la paz, contra la humanidad y de genocidio.

Mientras que la Segunda Guerra Mundial todavía causa estragos, las naciones víctimas de los actos de Adolf Hitler (1889-1945), que hacen frente al horror, desean que se reconozcan y se juzguen los crímenes perpetrados. Por primera vez en la historia, se crea un tribunal militar internacional. El proceso que se llevará a cabo en Núremberg se entabla contra 24 dirigentes nazis y 8 organizaciones, todos acusados de complots, de crímenes contra la paz, de crímenes de guerra y de crímenes contra la humanidad. Entre el 20 de noviembre de 1945 y el 1 de octubre de 1946, se llevan a cabo

401 audiencias, durante las que se escuchan 94 testimonios y se analizan miles de pruebas escritas, y que desvelan los abusos nazis, permitiendo que los cuatro jueces titulares, representantes de las naciones aliadas (Gran Bretaña, Estados Unidos, Francia y la URSS), emitan un veredicto imparcial.

Sin embargo, los Juicios de Núremberg se enmarcan también en un contexto más amplio, el de la jurisdicción penal internacional. Constituye su primera aplicación práctica y aporta una nueva reflexión sobre la forma de pronunciarse después de una guerra, abriendo la puerta a la creación de otros tribunales internacionales. El veredicto, asimismo, permite definir jurídicamente las nociones de crímenes contra la paz, de crímenes contra la humanidad y de crímenes de genocidio. La mediatización de estos debates y la esperanza de los pueblos oprimidos por la Alemania nazi convierten al proceso en un momento crucial para la historia jurídica del siglo XX.

CONTEXTO

¿CÓMO SE DEBE JUZGAR LA GUERRA?

Desde la segunda mitad del siglo XIX, el armamento cada vez se perfecciona más y el ejército profesional convive progresivamente con el de reclutamiento, por lo que cada vez es más difícil hacer la distinción entre los combatientes y los civiles. Con tal de reglamentar mejor la guerra y de limitar los abusos, el derecho internacional intenta legislar mediante tratados que marcan el ritmo de la historia penal de esta época. La Declaración de París de 1856, que regula el combate y el derecho marítimo, así como la Convención de Ginebra de 1864, que pretende mejorar el destino de los heridos en los campos de batalla, van en esta dirección. A estas se les añaden dos textos fundamentales: las convenciones de la Haya de 1899 y de 1907, que definen los derechos y las costumbres de la guerra terrestre, insistiendo en el desarme y en la prevención del conflicto.

Sin embargo, la Primera Guerra Mundial (1914-1918) y el uso de gases asfixiantes, la deportación de la población civil y la guerra submarina hacen añicos todos estos reglamentos. Aunque al final del conflicto no se celebra ningún juicio, surge una reflexión para determinar las responsabilidades de cada nación. El Tratado de Versalles de 1919 señala a Guillermo II (rey de Prusia y emperador de Alemania, 1859-1941) como el responsable del comienzo de las hostilidades tras la violación de la neutralidad de Bélgica y Luxemburgo. Incluso el primer ministro inglés, David Lloyd George (1863-1945), pedirá que se ahorque al soberano germánico.

Entonces se dirige una solicitud de extradición a Holanda para que esta entregue al emperador, con el objetivo de juzgarlo. Asimismo, un artículo del Tratado de Versalles obliga al gobierno alemán a entregar a las potencias aliadas a los individuos acusados de haber incumplido las normas de la guerra. Sin embargo, Holanda se niega, y la petición del Tratado de Versalles no sigue adelante. No obstante, el Tribunal del Reich, la más alta instancia jurídica del Imperio alemán, recibe la autorización de juzgar a los criminales de guerra. Entonces comienzan los Juicios de Leipzig, que transcurren en el tribunal de 1921 a 1922. Se llevan a cabo 16 acusaciones, pero solamente una termina en condena: la del teniente Ludwig Dithmar, responsable del torpedeo de un buque hospitalario inglés, que es condenado a cuatro años de cárcel. Sin embargo, frente a los horrores cometidos durante el conflicto, las naciones aliadas consideran que los juicios son una farsa monumental.

LA CONDENA DE LOS CRÍMENES DE LA SEGUNDA GUERRA MUNDIAL

Durante el periodo de entreguerras se aprueban distintos tratados sobre este tema, entre los que se encuentra la idea de castigar no solamente a los Estados, sino también a las personas físicas que actúan en el seno de estos Estados. Por consiguiente, los Juicios de Núremberg representan el primer intento de dar una respuesta internacional a los crímenes perpetrados por los altos dirigentes nazis durante la Segunda Guerra Mundial.

A lo largo de los combates, los dirigentes de las potencias

aliadas defienden la idea de que los responsables de la guerra tendrán que ser juzgados al final del conflicto. A partir del 17 de abril de 1940, los gobiernos francés, inglés y polaco condenan públicamente las atrocidades cometidas contra los judíos en Polonia. Un año después, el presidente estadounidense Franklin Roosevelt (1882-1945) denuncia a su vez los crímenes inmorales de los líderes nazis y expresa su voluntad de que se castiguen las atrocidades nazis; el primer ministro británico, Winston Churchill (1874-1965), también apoya estas reivindicaciones. El 13 de enero de 1942, los representantes de los gobiernos del momento y de los países ocupados, cuyos gobiernos se encuentran exiliados en Londres, aceptan la Declaración de Saint James, que defiende esta idea y sienta las bases de una jurisdicción internacional. El general Charles de Gaulle (1890-1970), cuando firma de este texto, afirma su voluntad de sancionar a los culpables y de no volver a cometer los errores del Tratado de Versalles.

El 30 de octubre de 1943, la Declaración de Moscú, firmada por Gran Bretaña, los Estados Unidos y la URSS, establece la jurisdicción bajo la que se tendrán que juzgar las personas que hayan cometido crímenes durante la guerra: si los abusos se han perpetrado en un único país, serán juzgadas en éste; si, por el contrario, las atrocidades se han cometido en más territorios, serán condenadas por una decisión conjunta de los Aliados. No obstante, no habla sobre la manera de pronunciarse, mientras que hay opiniones divergentes sobre este punto. Durante la Conferencia de Teherán (1943), Franklin Roosevelt y Winston Churchill expresan su voluntad de que los acusados sean ejecutados sin comparecer ante un tribunal, pero Joseph Stalin (hombre de Estado soviético, 1878-1953) rechaza la propuesta. Con la llegada al poder del presidente Harry S. Truman (1884-1972), las posiciones estadounidenses evolucionan hacia la idea de un proceso internacional al que De Gaulle se muestra favorable. La idea se abre camino y, al producirse el armisticio, todos la aceptan.

LA PREPARACIÓN DE LOS JUICIOS

Inmediatamente, Harry S. Truman le encarga la preparación de los juicios a Robert Jackson, juez de la Corte Suprema, y este último irá a Londres el 20 de junio de 1945 para hablar de su organización con los británicos. Los estadounidenses tienen la voluntad de centrar la audiencia alrededor de la acusación de complot nazi y de crímenes contra la paz, para condenar a los que decidieron, prepararon y organizaron la guerra. Asimismo, quieren llevar a cabo el proceso del sistema nazi a través de las organizaciones que participaron en su funcionamiento, pero todavía no saben si un solo gran proceso será suficiente. Los ingleses, por su parte, desean sobre todo que el juicio sea rápido. Las dos naciones se ponen de acuerdo y los británicos avanzan los primeros nombres de los acusados.

Los días 24 y 25 de junio, las delegaciones francesas y soviéticas llegan a su vez a Londres. Puesto que sus países fueron el escenario de los enfrentamientos, rechazan la noción central de crímenes contra la paz, y prefieren el concepto de crímenes de guerra. Efectivamente, según ellas, lo que representa un problema no es tanto el hecho de haber declarado la guerra, sino los medios utilizados a lo largo del conflicto. Después de muchas negociaciones, las cuatro naciones llegan a un acuerdo. El 8 de agosto de 1945, se firma el Acuerdo Cuatripartito de Londres, que define el estatuto y las reglas de funcionamiento del tribunal, y se crea el Tribunal Militar Internacional de Núremberg. Las naciones aliadas representan todas a otros Estados que aceptaron los Acuerdos de Londres. Así, Francia representa a Bélgica, Luxemburgo, los Países Bajos y Noruega.

Los cargos se definen en el acuerdo establecido en Londres. Al principio, son tres: crímenes contra la paz, crímenes de guerra y crímenes contra la humanidad —el objetivo principal de esta última noción es castigar la organización de la deportación y de la masacre sistemática de población desarmada. Sin embargo, estos tres tipos de crímenes no cubren todos los abusos nazis, por lo que se corre el riesgo de que algunos acusados escapen a los juicios. Por consiguiente, a los primeros cargos se le añade un cuarto, que incluso se convierte en central: el relativo a la idea de complot.

El concepto de *conspiracy* («complot»), procedente del derecho británico, es desconocido para los profesionales del derecho franceses y soviéticos. Así pues, para que el cargo aparezca en el proceso hará falta que los estadounidenses y los británicos ejerzan una gran presión. Esta noción se desprende de la idea de que una infracción que haya sido premeditada y concebida por varias personas en secreto constituye un crimen.

LA LISTA DE LOS ACUSADOS

La composición definitiva de la lista de los acusados no se realiza de la noche a la mañana. Las delegaciones británicas y estadounidenses se detienen primero en diez personas que ocuparon altos cargos en el seno del régimen nazi. Los británicos añaden a siete, entre las que se encuentra Adolf Hitler, cuya muerte todavía no se ha declarado de forma oficial. Sin embargo, su nombre se tacha de la lista el 18 de octubre de 1945, día en que se abre el proceso, cuando las cuatro naciones se ponen de acuerdo sobre la lista final. En total, se juzgarán 24 dirigentes nazis:

- Hermann Göring, mariscal del Tercer Reich (1893-1946);
- Rudolf Hess, secretario personal del Führer y jefe de la cancillería del NSDAP (1894-1987);
- Joachim von Ribbentrop, ministro de Asuntos Exteriores del Tercer Reich (1893-1946);
- Robert Ley, dirigente del Frente Alemán del Trabajo (1890-1945);
- Wilhelm Keitel, jefe del Alto Mando de la Wehrmacht (1882-1946);
- Julius Streicher, director del periódico antisemita *Der Stürmer* (1885-1946);
- Ernst Kaltenbrunner, general de las SS (1903-1946);
- Alfred Rosenberg, teórico del racismo nazi y jefe de Asuntos Exteriores del Partido Nazi (1893-1946);
- Hans Frank, gobernador de Polonia en 1939 (1900-1946);
- Wilhelm Frick, ministro del Interior del Tercer Reich (1877-1946);
- Hjalmar Schacht, ministro de Economía del Tercer Reich

(1877-1970);
* Arthur Seyss-Inquart, comisario del Reich en los Países Bajos y general de división de las SS (1892-1946);
* Karl Dönitz, almirante alemán al que Hitler nombró su sucesor (1891-1980);
* Walther Funk, ministro de Economía del Tercer Reich después de Schacht (1890-1960);
* Albert Speer, ministro de Armamento del Tercer Reich (1905-1980);
* Baldur von Schirach, líder de las Juventudes Hitlerianas (1907-1974);
* Fritz Sauckel, dirigente nazi que se ocupó, sobre todo, de las deportaciones de los trabajadores de los países ocupados (1894-1946);
* Alfred Jodl, jefe del Departamento de Mando y Operaciones de la Wehrmacht (1890-1946);
* Franz von Papen, vicecanciller de Hitler (1879-1969);
* Konstantin von Neurath, general de las SS (1873-1956);
* Erich Raeder, comandante de la Kriegsmarine (1876-1960);
* Martin Bormann, general de las SS y consejero de Hitler (1900-1945);
* Hans Fritzsche, periodista responsable de las noticias en el ministerio de Propaganda (1900-1953);
* Gustav Krupp von Bohlen und Halbach, industrial alemán (1870-1950).

Sin embargo, cuando se abre el proceso, hay tres individuos de esta lista que no se sientan en el banco de los acusados: Gustav Krupp, ya que se declara que no se le puede juzgar a causa de su estado de salud; Martin Bormann, desaparecido (probablemente murió después de la batalla de Berlín en mayo de 1945); y, finalmente, Robert Ley, que un mes antes se había ahorcado en su celda.

Por primera vez, a la lista de estas personas físicas se añaden organizaciones del régimen nazi que también serán juzgadas. Tras el descubrimiento de los campos de exterminio, el objetivo se centra en ocho organizaciones: el gabinete del Reich, el Partido Nacionalsocialista Alemán de los Trabajadores (NSDAP), las SS (Schutzstaffel, «Escuadrón de Protección»), la Gestapo (Geheime Staatspolizei, «Policía Secreta del Estado»), el SD (Sicherheitsdienst, «Servicio de Seguridad»), las SA (Sturmabteilung, «Tropas de Asalto»), el Estado Mayor y el Alto Mando de la Wehrmacht.

Tras haber definido los cargos y la lista de los acusados, las naciones aliadas todavía deben encontrar un lugar que pueda albergar el proceso, los acusados, las diferentes delegaciones y los numerosos periodistas que desean cubrir este acontecimiento único. La ciudad escogida es Núremberg, que entonces se encuentra bajo la ocupación estadounidense, por dos motivos:

- el primero es simbólico. Esta ciudad, en la que cada año se reúne el NSDAP, es la capital ideológica del Tercer Reich;
- el segundo es de orden práctico. Al salir de la guerra, Alemania está en ruinas, pero la ciudad de Núremberg, bombardeada por los aliados en 1945, conserva no obstante algunos edificios intactos, entre los que se hallan las infraestructuras necesarias para la organización y el desarrollo del proceso. En efecto, el palacio de justicia todavía se puede utilizar, y tiene la particularidad de estar directamente conectado a la cárcel por un túnel

subterráneo, lo que refuerza la seguridad.

ACTORES PRINCIPALES

GEOFFREY LAWRENCE, JUEZ BRITÁNICO

Geoffrey Lawrence durante los juicios de Núremberg.

Originario de Builth Wells, en el País de Gales, Geoffrey Lawrence nace el 2 de diciembre de 1880 en una familia de la nobleza británica. Estudia en el colegio imperial de Haileybury, donde traba amistad con Clement Attlee (1883-1967), el futuro primer ministro, antes de ir a Oxford.

Una vez termina sus estudios, trabaja en un gabinete de abogados especializado en la apelación ante las altas instituciones judiciales inglesas, hasta que estalla la Primera

Guerra Mundial. A lo largo de esta, destaca en el seno del Regimiento Real de Artillería e incluso recibe la condecoración de la Orden del Servicio Distinguido. A continuación, al final del conflicto, Lawrence continúa su carrera de jurista y se especialista en la apelación ante el Consejo Privado, un órgano consultativo que tiene la misión de aconsejar al soberano sobre los asuntos de Gran Bretaña. En 1927, entra en el Consejo Privado y se convierte en procurador general del príncipe Eduardo de York (1894-1972) hasta 1944, cuando es nombrado juez en el Tribunal de Apelación de Inglaterra.

Gracias a su larga experiencia jurídica, sus homólogos le eligen para encabezar la delegación británica en los Juicios de Núremberg e incluso a continuación es designado presidente del tribunal. Con su elección, sus homólogos quieren homenajear la valentía que Gran Bretaña demostró durante el conflicto. Una vez se terminan los juicios, es nombrado juez lor, es decir, juez en la Cámara de los Lores, y entra en el comité del Consejo Privado, hasta que se jubila en 1957. En 1947 recibe el título de barón de Oaksey y, una década después, hereda el título de su hermano mayor, barón de Trevethin. Cuando se jubila, se retira en su dominio de Wiltshire para entregarse a su pasión, la cría de caballos, y muere el 28 de agosto de 1971 con 91 años.

ROBERT JACKSON, JUEZ DE LA CORTE SUPREMA

Fotografía de Robert Jackson.

Robert Jackson nace el 13 de febrero de 1892 en Pensilvania, crece en el Estado de Nueva York y pronto se decide a emprender una carrera de jurista. Con 18 años, entra como aprendiz en un gabinete de abogados de Jamestown (Virginia), donde más tarde fundará su propio gabinete incluso antes de haber obtenido el diploma de la facultad de derecho de Albany, y oficiará durante veinte años. Robert Jackson, cercano al presidente Franklin Roosevelt, entra en su servicio a partir de 1934 y ocupa diferentes puestos hasta 1940, cuando es nombrado procurador general de los Estados Unidos. Un año después, se convierte en juez en la Corte Suprema, un cargo que ocupará hasta su muerte.

Jackson, que posee grandes habilidades de escritura y elocuencia, escribe en 1943 la sentencia Barnette, un texto que dispone que los niños ya no están obligados a recitar el juramento de lealtad en sus colegios. Un año después, vuelve a encontrarse en medio de una sentencia en el caso Korematsu vs. United States, que cuestiona la legalidad del internamiento de los estadounidenses de origen japonés en la Costa Oeste durante la Segunda Guerra Mundial.

A causa de su brillante carrera como jurista, el presidente Harry S. Truman le escoge para preparar los Juicios de Núremberg y se convierte en el procurador general de estos. Al final del proceso, Robert Jackson continúa con su carrera de juez en la Corte Suprema y muere el 9 de octubre de 1954 con 62 años.

HERMANN GÖRING, MARISCAL DEL TERCER REICH

Hermann Göring fotografiado en su celda en Núremberg.

Hermann Göring nace en 1893, y en 1908 lo envían a la Escuela de Cadetes de Karlsruhe. Aunque durante los primeros años de escolarización sus resultados son bastante mediocres, el que primero fue un mal estudiante termina dejando la institución con notas excelentes y accede a la Escuela Militar de Berlín, donde finaliza su instrucción en 1911 habiendo obtenido el grado de suboficial, dispuesto a seguir la misma carrera militar que su padre.

Durante la Primera Guerra Mundial, destaca sobre todo en la aviación, y en 1918 es galardonado con la medalla «Pour le

Mérite». Aunque sus inicios fueron bastante prometedores, un discurso acalorado en el que acusa al Gobierno alemán lo excluye de cualquier alto cargo. Entonces, se convierte en piloto de línea para distintas compañías comerciales y milita en varios grupúsculos nacionalistas. En 1922, conoce a Adolf Hitler, con quien mantiene una conversación, y se convierte en uno de sus colaboradores más próximos tras ser nombrado comandante de las SA.

Tras el golpe de Estado fallido de Múnich el 8 de noviembre de 1923, Göring recibe el impacto de dos balas en la ingle. Mientras lo curan de sus heridas, se aficiona a la morfina, pero esta afición rápidamente se acaba convirtiendo en adicción. Entonces, se marcha de Alemania para ir a Austria, puesto que se dicta una orden de detención contra él, y luego pasa cuatro años en Suecia, el país natal de su mujer. Durante este exilio, tanto su estado mental como su salud empeoran.

Recibe una amnistía y vuelve a Alemania, donde es elegido diputado de Baviera en 1928. Se trata del primer hito de una brillante carrera política. En 1932, tras la aplastante victoria del partido nacionalsocialista, Göring es elegido presidente del Reichstag (cámara legislativa). En 1933, se convierte en ministro del Interior y del Aire, antes de que se le confíe la misión de encargarse del plan económico de la guerra en 1936. Desempeña un importante papel en las persecuciones judías y en la instauración de campos de concentración.

Cuando estalla la guerra, Göring cuenta con la simpatía de la opinión pública alemana. Sin embargo, como jefe de la Luftwaffe (ejército del aire alemán) y consejero cercano de

Hitler, acumula derrotas y alardes, algo que despertará la cólera de su jefe que, sin embargo, no lo criticará en público. El aviador termina cayendo en desgracia y es víctima de las maquinaciones que marcan el ritmo de vida del Tercer Reich. Sus enemigos declarados, entre los que destaca Martin Bormann, acaban con él: al final del conflicto, es sometido a arresto domiciliario y el Führer le condena a muerte, aunque después le concede el indulto por los servicios prestados. Entonces, se entrega a los americanos y se sienta en el banco de los acusados durante los Juicios de Núremberg. Es declarado culpable y condenado a muerte en 1946.

ALBERT SPEER, MINISTRO DE ARMAMENTO DEL TERCER REICH

Albert Speer fotografiado en su celda en Núremberg.

Albert Speer nace en 1905 en el seno de una familia acomodada. El muchacho, joven y deportista, cursa estudios de arquitectura, siguiendo los pasos de su padre y su abuelo, ambos arquitectos. Nada más obtener el título de arquitecto se convierte en asistente del conocido Heinrich Tessenow (1876-1950), y se casa con Margarete Weber (1905-1987) en 1927. Aunque no se muestra demasiado interesado por la política, la figura de Adolf Hitler lo deja electrizado durante un desfile, y se une al Partido Nazi en 1931. Tras haber realizado distintas tareas en la organización, Joseph Paul Goebbels (1897-1945) lo elige para renovar los locales del partido en Berlín. Cuando Hitler se convierte en canciller en 1933, Goebbels vuelve a llamar a Speer para renovar el ministerio de Propaganda.

Ese mismo año, conoce por primera vez al Führer durante la preparación del Congreso de Núremberg, la reunión general del NSDAP. A continuación, el canciller se interesa con regularidad por el trabajo del joven arquitecto y lo hace entrar en su círculo en 1934, catapultándolo a la cabeza de la Oficina Principal de la Construcción. En los años treinta, se le encargan varias realizaciones de dimensiones impresionantes, entre las que destacan el Reichsparteitagsgelände, donde cada año se celebra el Congreso de Núremberg, y el pabellón alemán de la Exposición Universal de 1937. También participa en la construcción del estadio olímpico de Berlín. Sin embargo, su principal realización es la nueva cancillería del Reich, bombardeada y destruida por las fuerzas aliadas al final de la guerra. Igualmente, concibe un plan faraónico para reconstruir Berlín. A lo largo de estos años, Speer entabla una profunda amistad con Hitler, algo que durante los

Juicios de Núremberg le lleva a afirmar que, «si Hitler tuvo algún amigo, ciertamente [él habría] sido uno de sus amigos más cercanos»[1] (Fest 1999).

En 1942, tras la muerte de Fritz Todt (1891-1942), Speer se convierte en ministro de Armamento, una función que acepta con reticencia y que despierta los celos de Göring. Más allá de sus competencias ministeriales, tiene que enfrentarse con Goebbels, Bormann y el ministro del Interior Heinrich Himmler (1900-1945), que sueñan con ocupar su lugar. Cuando el Reich está en decadencia, Speer se distancia de Hitler y le desobedece, rechazando practicar la política de tierra quemada en las zonas ocupadas en Alemania. Se refugia en Hamburgo, donde es detenido por los americanos el 15 de mayo, y luego coopera con la potencia transatlántica.

Tras los Juicios de Núremberg, Speer cumple su condena en la cárcel de Spandau hasta octubre de 1966. A continuación, pasa el resto de su vida escribiendo libros sobre el Tercer Reich, que constituyen uno de los testimonios más ricos del periodo. Finalmente, muere en 1981 con 76 años.

---

1. Cita traducida por 50Minutos.es

LOS JUICIOS DE NÚREMBERG

LA APERTURA DEL PROCESO

Fotografía de una sesión del tribunal de Núremberg.

Aunque la sesión inaugural se lleva a cabo en Berlín el 18 de octubre de 1945, la verdadera apertura del proceso transcurre el 20 de noviembre de 1945 en Núremberg, y está marcada por la lectura del acta de acusación por parte de los procuradores de cada nación aliada, que dura casi cinco horas.

Fotografía que representa a los acusados en el banquillo. En la primera fila, de izquierda a derecha, Hermann Göring, Rudolf Hess, Joachim von Ribbentrop y Wilhelm Keitel. En la segunda fila, en el mismo orden, Karl Dönitz, Erich Raeder, Baldur von Schirach y Fritz Sauckel.

Al día siguiente, los acusados tienen que declarar si se consideran culpables o no. Todos escogen la segunda opción. Hermann Göring, uno de los altos dignatarios más importantes del Tercer Reich, es el primero en ser interrogado. Mientras intenta prestar declaración, el presidente Lawrence, que desde el primer día hace valer su autoridad, lo llama al orden rápidamente. A continuación, el procurador general Jackson lee la declaración de apertura en la que, a través de una elección de argumentos elaborados y bien construidos, expone el punto de vista de la acusación y explica la razón de ser del proceso, adelantándose a las críticas que podrían presentarse en su contra.

¿SABÍAS QUE...?

Cada turno de palabra se traduce simultáneamente, algo nuevo para la época y que obliga a los interventores a hablar lentamente. Para que la interpretación alcance la máxima perfección, delante de los oradores se colocan varios pilotos luminosos, controlados por los intérpretes, que se iluminan si el interventor tiene que repetir su frase o disminuir la velocidad de su discurso.

EL TRANSCURSO DE LAS AUDIENCIAS

A petición del tribunal, la acusación y la defensa aportan sus pruebas y presentan a sus testigos. Las pruebas utilizadas, descubiertas por los estadounidenses, son mayoritariamente escritas, y proceden sobre todo de los archivos oficiales del Tercer Reich. En total, se analizan 5000 documentos y 7000 obras de literatura nazi. Una de las fuentes centrales de los juicios es el diario de Hans Frank (1900-1946), gobernador del Partido Nazi, que recibe el sobrenombre de «verdugo de Polonia» tras su papel en el exterminio de los judíos del país. La prueba escrita tiene una importancia capital, ya que por sí sola bastaría para condenar a los acusados.

Durante diez meses, 94 testigos suben al estrado, no solamente para corroborar los hechos escritos, sino también para dotar al proceso de una repercusión universal y personificar los crímenes nazis. Los testigos de la acusación, y luego de la defensa, son interrogados uno tras otro, y los jueces tienen la posibilidad de tomar la palabra en todo momento, para plantear cualquier pregunta. Solamente la intervención de Friedrich Paulus (mariscal alemán, 1890-1957), el 11 de febrero de 1946, aporta nuevas observaciones a las largas deliberaciones. Este antiguo militar presta testimonio a favor de los soviéticos en el tema del exterminio de los prisioneros rusos a manos de las tropas alemanas, y sus palabras hacen que Göring y otros inculpados se levanten y griten en el tribunal, considerando que la posición adoptada por Paulus es hipócrita. Este último, que ya había sido criticado frente al nazismo durante la guerra y respetuoso con la Convención de Ginebra, se convierte en un instrumento de la propaganda soviética tras su captura por parte de los rusos durante la batalla de Stalingrado (1942-1943). A partir de entonces, los acusados lo consideran un traidor que se ha pasado al bando enemigo.

Aunque la acusación solo llama a declarar a algunas víctimas de los campos de concentración, la defensa no duda en recurrir a muchísimos testigos, lo que provoca algunas escenas fuertes, como cuando Rudolf Dies (1900-1957), dirigente de la Gestapo entre 1933 y 1934 y protegido de Göring, es convocado para defender a este último por el episodio de la Noche de los cuchillos largos.

LA NOCHE DE LOS CUCHILLOS LARGOS

Entre el 29 de junio y el 2 de julio de 1934, Hitler hace

eliminar a los jefes de la Sturmabteilung (SA) de Ernst Röhm (1887-1934), que reciben el sobrenombre de camisas pardas, y que aterrorizaban Alemania desde 1926. Aunque contribuyeron a la llegada al poder de Hitler, desde hacía poco tiempo el Führer consideraba que eran una organización que estaba cobrando demasiada importancia. La principal purga transcurre durante la noche del 29 al 30 de junio de 1934, y permite que los medios conservadores y el ejército se sumen a la causa del canciller. La población, por su parte, no tiene más remedio que aceptar los hechos.

El Tribunal Militar Internacional respeta en gran medida el derecho anglosajón, por lo que los acusados tienen la ocasión de testificar en su propio juicio. Así, tras cuatro meses de deliberaciones, Göring es el primero en testificar, en uno de los momentos clave del acontecimiento. Respondiendo a las preguntas de su abogado, Göring seduce al auditorio y se burla del procurador Robert Jackson, al que le cuesta esconder su enfado, algo que provoca risas entre la audiencia. Tras una cura de adelgazamiento obligada y rehabilitado de su morfinomanía, el mariscal del Tercer Reich habla como un hombre que sabe que está condenado y que no se esconde de sus actos. Logra seducir al público, gana el duelo contra el procurador estadounidense y refuerza la valentía de los demás acusados. Termina su declaración con una diatriba de seis horas, en la que reafirma su pertenencia a la ideología nacionalsocialista.

Otra declaración importante es la de Albert Speer. El arquitecto del Tercer Reich y ministro de Armamento y Guerra sorprende al auditorio asumiendo sus responsabilidades, mientras que sus condiscípulos, enardecidos por la intervención de Göring, eligen una línea de defensa bravucona sin poner en entredicho el régimen nazi ni las acciones de Adolf Hitler. El arquitecto, que en el momento de los hechos intentó suavizar las condiciones de los trabajadores del Servicio de Trabajo Obligatorio y plantó cara a Hitler sobre el fin de la guerra al rechazar aplicar la política de tierra quemada, se gana la clemencia del tribunal gracias a su autocrítica.

REVELACIONES EN CASCADA

A través de los cargos, los Juicios de Núremberg arrojan luz sobre las deportaciones de poblaciones, el saqueo económico, los crímenes, la guerra en el mar y el genocidio judío. El mundo entero descubre la locura manipuladora de los dirigentes nazis, así como el complot llevado a cabo para legitimar el ataque a Polonia.

LA OPERACIÓN «HIMMLER»

Para legitimar el ataque contra Polonia, Hitler, junto con el dirigente de la Gestapo Heinrich Müller (1900-1945) y siguiendo el plan concebido por Himmler, su hombre de confianza, decide utilizar a doce prisioneros alemanes para ponerles una inyección letal, coserlos a balas y disfrazarlos de soldados polacos para dispersarlos alrededor de la estación de radio de Gliwice, en una puesta en escena destinada a hacerle creer al mundo entero que los polacos fueron los primeros en atacar a los alemanes el 31 de agosto de 1939. Este complot, conocido con el nombre de operación «Himmler», permite que el Führer justifique el despliegue de sus tropas en Polonia el 1 de septiembre de 1939.

Una de las cuestiones centrales de los Juicios de Núremberg es la del genocidio judío. El Ministerio Público, que representa a la acusación a través de los distintos procuradores de las naciones aliadas, llama a algunos testigos de cargo para que expliquen el proceso de exterminio de la población judía. El director del campo de Auschwitz-Birkenau, Rudolf Höss (1900-1947), el antiguo dirigente de la Einsatzgruppe D (policía política militarizada del Tercer Reich), Otto Ohlendorf (1907-1951), y el antiguo miembro de las SS, Dieter Wisliceny (1912-1948), suben al estrado sucesivamente y explican a los jueces los métodos que utilizaron los nazis para erradicar a un pueblo. Además, se proyecta un documental que muestra el descubrimiento de los campos de exterminio por parte de los Aliados, y que provoca varias reacciones entre los acusados: Hans Frank rompe a llorar, pero Göring intenta defenderse evocando el *Führerstaat*, la idea según la cual el Estado está dirigido por un solo líder que es el único responsable, ya que todos tienen que obedecerle a ciegas. Sin embargo, el procurador adjunto francés, Edgar Faure (1908-1988), desbarata la defensa de Göring.

LAS ZONAS OSCURAS SOVIÉTICAS

Algunos acontecimientos a los que se hace referencia durante el proceso provocan malestar en el bando soviético. Aunque la URSS paga un alto precio durante el conflicto, su presencia al lado de los vencedores no está rodeada de polémica, pero tampoco se escapa de los reproches. En efecto, hay dos puntos que principalmente arrojan dudas sobre algunas acciones soviéticas de las que los Juicios de Núremberg no logran dilucidar todas las incógnitas: el pacto secreto germano-soviético y la masacre de Katyn (pueblo ruso).

En lo que se refiere al primero, se conoce la existencia del pacto de no agresión que vinculaba a la Alemania hitleriana y la URSS, firmado en 1939. Sin embargo, el proceso revela otro acuerdo, esta vez secreto, aprobado por las dos naciones, y que preveía un reparto de los territorios entre los dos firmantes una vez se hubieran terminado el conflicto y la anexión. El procurador soviético, Roman Rudenko (1907-1981), intenta oponerse por todos los medios posibles a estas revelaciones para que no se hagan públicas, pero el tribunal quiere conocer la verdad sobre este asunto un tanto oscuro para los soviéticos. Aunque se descubre el acuerdo, la URSS no siente una preocupación jurídica por el asunto.

La masacre de Katyn, mencionada en el acta de acusación, es un tema todavía más espinoso, que finalmente no aparecerá en los Juicios. La cuestión central, que se debate durante el proceso, hace referencia a la fecha en la que se cometen las atrocidades contra los polacos. Aunque los alemanes declaran que la masacre tuvo lugar durante la primavera de 1940 y que la perpetraron las tropas soviéticas, el segundo procurador soviético, Pokrovsky, afirma que los hechos se remontan al otoño de 1941, cuando el bosque de Katyn estaba bajo el yugo germánico. Tanto la defensa como la acusación presentan tres testigos que se contradicen continuamente y, tras dos días de debates agitados, el tribunal es incapaz de distinguir lo verdadero de lo falso.

LA MASACRE DE KATYN

Las atrocidades cometidas por la policía política soviética (NKVD) durante la primavera de 1940 son el símbolo de los crímenes que, durante esta época, cometió la URSS contra la población polaca. Bajo las órdenes de Stalin, se abate con una bala en la nuca a prisioneros polacos, hostiles a la ideología comunista. Entre agosto de 1941 y la primavera de 1943 el número de víctimas asciende a 11 000. Mientras Stalin intenta que la responsabilidad de estas ejecuciones caiga sobre los nazis, durante los años cincuenta un informe del Congreso de los Estados Unidos confirma la responsabilidad de los soviéticos en la masacre. A continuación, el 14 de diciembre de 1992, el presidente ruso Boris Yeltsin (1931-2007) confía una copia de los documentos firmados por Stalin que demuestran la masacre a su homólogo polaco Lech Walesa (nacido en 1943).

LAS DELIBERACIONES

El 31 de agosto de 1946, tras nueve meses de proceso, los acusados tienen la oportunidad de prestar una última declaración que se retransmitirá por radio antes de que se dicte sentencia, el 1 de octubre. Antes de pronunciar su veredicto, los jueces tienen que deliberar. Aunque todos pueden expresar su opinión, solamente los jueces titulares tienen el derecho de votar las penas y, para que se adopte una decisión, hay que obtener la mayoría de los votos. En caso de empate, el juez presidente Lawrence es el encargado de hacer decantarse la balanza. Aunque el principio parece simple, la deliberación sobre el destino de algunos acusados origina largos debates. Esto ocurre, por ejemplo, en el caso de Rudolf Hess, secretario particular de Hitler y representante oficial del Partido Nazi. Mientras que los jueces anglosajones quieren condenarlo a cadena perpetua, el juez francés se decanta por 20 años de encarcelamiento y el juez soviético aboga por la pena de muerte. En el bando francés, piden cinco años de cárcel, mientras que los Estados Unidos son partidarios de la pena de muerte. En última instancia, el economista será absuelto.

Durante las deliberaciones surge otra problemática, esta vez relacionada con la ejecución de los acusados: hay que determinar cómo se realizarán las ejecuciones y, también esta vez, las opiniones difieren. La URSS se muestra a favor del fusilamiento, también llamado la «muerte del soldado», en vez de la muerte humillante por ahorcamiento que proponen Lawrence y el juez de los Estados Unidos. Francia, por su parte, propone deliberar caso por caso. Aunque los demás jueces aceptan la propuesta, en la práctica los condenados a muerte serán ahorcados.

LA HORA DEL VEREDICTO

La víspera del veredicto, el 30 de septiembre de 1946, el procurador general Jackson lee su juicio y presenta sus requerimientos finales. Así, se pasa revista a los crímenes del régimen nazi y de los acusados. La mañana del 1 de octubre, el presidente Lawrence toma la palabra y se pronuncian las decisiones individuales, una tras otra. Por sorpresa general, tres acusados son absueltos: el periodista Hans Fritzsche, el diplomático Franz von Papen y el ministro de Economía Hjalmar Schacht. El primero, cercano a Joseph Goebbels, es considerado antisemita pero nunca instigó al exterminio ni a la persecución del pueblo judío. El segundo, embajador en Turquía durante la guerra, y el tercero, encarcelado en Dachau desde el atentado frustrado de 1944 contra el Führer, son tachados de cobardes, pero no pueden ser acusados por el tribunal de los crímenes que se les imputan a los otros detenidos.

Tras el almuerzo, se reabre la sesión y los 19 hombres considerados culpables pasan por turnos por el banquillo de los acusados para escuchar la sentencia: 12 condenas a muerte y 7 penas de cárcel. No hay que olvidar que, entre los 24 acusados, Martin Bormann es condenado a muerte en rebeldía (condena declarada en la ausencia del acusado) ya que se cree que se ha escapado, que Gustav Krupp es declarado incompetente para comparecer en juicio porque está muy enfermo y que Robert Ley se suicida antes del proceso.

Las reacciones a las sentencias varían entre los condenados, y algunos de ellos presentan un recurso de gracia por razones varias. Alfred Jodl, jefe del Estado Mayor del ejército del Tercer Reich, y Wilhelm Keitel, jefe del Alto Mando de la Wehrmacht, reclaman el derecho a ser fusilados. Erich Raeder, comandante jefe de la Marina, prefiere ser condenado a muerte antes que cumplir con una pena de cadena perpetua. En cuanto al abogado de Göring, intenta conmutar la pena de muerte de su cliente en una pena de cadena perpetua, sin que éste se lo hubiera pedido. Los acusados tienen cuatro días para interponer sus recursos, pero éstos son desestimados. El 15 y 16 de octubre de 1946, los condenados a muerte son ahorcados, salvo Göring, que se suicida la noche anterior tomando una cápsula de cianuro.

En lo que se refiere a las organizaciones, hay cuatro que son condenadas y declaradas criminales: el NSDAP, las SS, el SD y la Gestapo. La idea de que los miembros de las asociaciones sean condenados al mismo tiempo que éstas por una cuestión de rapidez se descarta, por lo que habrá que intentar determinar si conocen los objetivos de las organizaciones a las que estaban afiliados y si su adhesión era voluntaria. Aunque las SA y el gabinete del Reich no son investigados por la acusación colectiva, esto no impedirá que los miembros de estos grupos sean condenados posteriormente en los juicios de desnazificación.

La desnazificación

Al final de la guerra, los Aliados inician un proceso jurídico y legislativo con el objetivo de volver a encarrilar a la sociedad alemana hacia la democracia y de castigar a los nazis que cometieron crímenes durante el conflicto. El proceso de desnazificación está presidido por alemanes con la colaboración de las potencias aliadas, y condenará a cerca de 5000 nazis, aunque a menudo por hechos de poca gravedad. Es difícil juntar pruebas y los alemanes están preocupados sobre todo por su supervivencia.

EL DESTINO DE LOS ABSUELTOS Y DE LOS PRISIONEROS

Los tres absueltos no son libres y deberán comparecer ante un tribunal de desnazificación en Alemania Occidental. Así, Franz von Papen es condenado a ocho años de trabajos forzados. En 1949 es liberado tras las apelaciones e intenta volver a la escena política sin éxito. Finalmente, pasa el resto de sus días escribiendo varias obras en las que se propone explicarse. Hjalmar Schacht también es condenado a la misma pena, pero es liberado en 1950. Entonces funda un banco e interviene como consejero en grupos políticos hasta su muerte en 1970. Por su parte, Hans Fritzsche cumple con una pena de nueve años de trabajos forzados antes de ser puesto en libertad en 1950 a causa de su estado de salud. Morirá tres años después.

Nueve meses después de la sentencia de los Juicios de Núremberg, los detenidos declarados culpables son transferidos a la cárcel de Spandau (Berlín Oeste), bajo la vigilancia de las grandes potencias, y sus destinos son distintos:

- Konstantin von Neurath, Walter Funk y Erich Raeder son liberados por razones de salud en los años cincuenta, y mueren todos poco después;
- Karl Dönitz, gran almirante de la Alemania nazi, es puesto en libertad en 1956 tras haber cumplido su condena de 10 años. Dos años después, publica sus memorias, y muere en 1980 de un ataque al corazón;
- Albert Speer, puesto en libertad en 1966, escribe varias obras que constituyen una rica fuente de información sobre las personalidades y el funcionamiento del Tercer Reich. Muere en 1981;
- Baldur von Schirach, jefe de las Juventudes Hitlerianas, también es puesto en libertad en 1966. Enfermo, se retira para pasar el resto de sus días en el suroeste de Alemania, donde morirá en 1974;

- Rudolf Hess muere en la cárcel en 1987, con 93 años. Se cuelga en su celda, pero su familia pone en duda su suicidio, ya que cree que se trata de un asesinato. Los grupos neonazis también defienden esta tesis, y lo consideran un mártir. Desde su muerte, cada año algunos grupos extremistas organizan una marcha en su memoria en la ciudad de Wunsiedel.

Los Juicios de Núremberg, mediatizados a nivel mundial, sufren varias críticas referentes a su legitimidad: los soviéticos y los comunistas franceses se indignan por la absolución de tres dignatarios nazis, mientras que los partidos conservadores anglosajones critican la dureza del veredicto. Sin embargo, los reproches son todavía más duros en el plano ideológico: se critica a las grandes potencias organizadoras del proceso por el hecho de haberse querido vengar y se ve con muy malos ojos el hecho de que ningún alemán participe en las audiencias. El historiador alemán Rudolf von Thadden (nacido en 1932) insiste sobre todo en el hecho de que algunos alemanes se opusieron a Hitler y fueron igualmente presos en los campos de concentración. Sin embargo, no se escuchó su voz.

REPERCUSIONES

HACIA UNA JURISDICCIÓN INTERNACIONAL

Existen numerosos juicios que pretenden castigar los crímenes nazis y que suceden a los de Núremberg. En particular, hay uno que se desprende de éste directamente: el de Adolf Eichmann (1906-1962), alto funcionario del Tercer Reich capturado por Israel en Argentina, juzgado por el joven Estado hebreo en abril de 1961. Este juicio recuerda indudablemente a los de Núremberg, a causa de su mediatización y de la definición de los cargos. Además, la participación de Eichmann en la realización de la solución final (el genocidio judío) se descubrió durante las audiencias presididas por Lawrence. El objetivo del proceso era darle una dimensión humana al exterminio judío para permitir que los espectadores se identificaran con el pueblo deportado, algo que Núremberg no logró conseguir. Finalmente, el acusado es condenado a ser ahorcado y es ejecutado el 31 de mayo de 1962.

Los juicios de Núremberg y el de Eichmann se convierten, durante los años subsiguientes, en una verdadera fuente de inspiración para los juicios del mismo tipo. Así, el 25 de mayo de 1993, el Consejo de Seguridad de la ONU crea un tribunal internacional en la Haya para juzgar los crímenes cometidos en la antigua Yugoslavia. Se trata de un paso hacia adelante en la creación de una jurisdicción permanente, siguiendo el ejemplo del tribunal de Arusha (Tanzania), encargado de pronunciarse sobre las atrocidades cometidas en Ruanda en 1994. El establecimiento de la Corte Penal Internacional, que hacía décadas que se reclamaba, tiene lugar al final de los años noventa. Sin embargo, aunque su estatuto se firma el 17 de julio de 1998, la creación de la Corte data oficialmente del 1 de julio de 2002.

DEFINIR LA NOCIÓN DE CRIMEN CONTRA LA HUMANIDAD

La noción de crimen contra la humanidad aparece por primera vez durante los Juicios de Núremberg y se enmarca en un contexto preciso. Desde el artículo 7 del Estatuto de Roma (1998) de la Corte Penal Internacional, cobra un significado más amplio y se define de la siguiente forma: «Violación deliberada [...] de los derechos fundamentales de un individuo o de un grupo de individuos inspirada por motivos políticos, filosóficos, radicales o religiosos»[2] (Feldman 2003). Cabe destacar que, durante el proceso de Núremberg, el genocidio judío no se considera crimen contra la humanidad a efectos jurídicos, ya que en ese momento no se había establecido el vínculo entre la guerra de agresión y persecución hacia este grupo religioso. La prueba de que este concepto evoluciona durante la segunda mitad del siglo XX es que Klaus Barbie (policía alemán, 1913-1991), apodado el «carnicero de Lyon», comparece ante el Tribunal Penal del Departamento del Ródano en 1987 bajo el cargo de crimen contra la humanidad debido a su responsabilidad en la deportación de los judíos a Francia.

---

2. Cita traducida por 50Minutos.es

EN RESUMEN

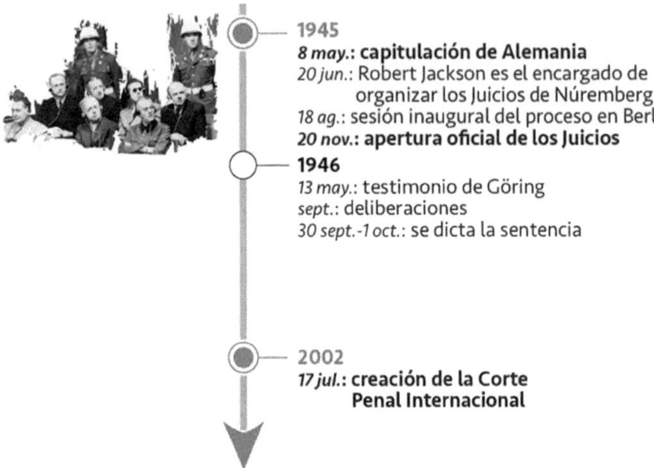

- En un momento en el que la Segunda Guerra Mundial todavía causa estragos, los Aliados consideran que se tiene que sancionar a la Alemania nazi por los horrores cometidos. Los Aliados, que ganan el conflicto, crean un Tribunal Militar Internacional para juzgar a los dirigentes del Tercer Reich.
- El 20 de junio de 1945, el presidente estadounidense Harry S. Truman encarga al juez de la Corte Suprema Robert Jackson que vaya a Europa y organice, junto con las naciones aliadas (Gran Bretaña, la URSS y Francia) el proceso que tendrá lugar en la ciudad de Núremberg, antiguo bastión del régimen nazi.

- La lista definitiva de los acusados se presenta el 18 de agosto de 1945, día de la sesión inaugural del proceso en Berlín. Contiene los nombres de 24 altos responsables nazis y de ocho organizaciones del Tercer Reich. Hay 3 acusados de esta lista que no acudirán a los juicios: Martin Bormann, que ha huido; Gustav Krupp, declarado incompetente para comparecer en juicio por razones médicas; y, finalmente, Robert Ley, que se había suicidado en su celda poco tiempo antes.
- Los juicios comienzan oficialmente el 20 de noviembre de 1945 en Núremberg, con la lectura de los cargos: complots, crímenes contra la paz, crímenes de guerra y crímenes contra la humanidad. Todos los acusados declaran que no son culpables.
- Durante varios meses, la acusación y la defensa aportan a su turno sus pruebas y hacen subirse al estrado a sus testigos respectivos para corroborar las pruebas. En total, se suceden 94 testigos en el espacio de diez meses.
- El 13 de mayo de 1946, es el turno de palabra de la defensa, y Göring es el primero en testificar. Durante ocho días, seduce al auditorio y se ríe abiertamente del procurador general Jackson, reafirmando su pertenencia a la ideología nacionalsocialista. La otra intervención destacada es la de Albert Speer. Al contrario de Göring, el arquitecto oficial del Tercer Reich hace una autocrítica, lo que le hace obtener la clemencia del jurado.
- Los Juicios de Núremberg sacan a la luz mucha información sobre la conspiración nazi en materia de exterminio de los pueblos. Asimismo, señalan algunas zonas oscuras de las acciones soviéticas durante la guerra. Aunque el papel de la URSS en la masacre de Katyn sigue siendo

poco claro, se descubre el pacto secreto firmado con la Alemania de Hitler, que preveía el reparto de las regiones anexionadas.

- A partir de septiembre de 1946, los jueces deliberan. El veredicto se dicta el 30 de septiembre y el 1 de octubre. De los 24 acusados, 12 son condenados a muerte —y entre estos Martin Bormann es condenado en rebeldía—, 7 son condenados a penas de cárcel y 3 son absueltos. Además, cuatro de las ocho organizaciones juzgadas son declaradas criminales (el NSDAP, las SS, el SD y la Gestapo).
- Los Juicios de Núremberg reciben muchas críticas, pero son el primer ejemplo de jurisdicción internacional y conducirán a la creación de la Corte Penal Internacional. El veredicto permitirá igualmente definir jurídicamente las nociones de crímenes contra la paz y contra la humanidad.

¡Tu opinión nos interesa!
¡Deja un comentario en la página web de tu librería en línea,
y comparte tus favoritos en las redes sociales!

PARA IR MÁS ALLÁ

FUENTES BIBLIOGRÁFICAS

- Casamayor. 1985. *Nuremberg, 1945. La guerre en procès*. París: Stock.
- Delpa, François. 2006. *Nuremberg. Face à l'histoire*. París: l'Archipel.
- Fest, Joachim. 1999. *Speer. The Final Verdict*. Boston: Harcourt.
- de Fontette, François. 1996. *Le procès de Nuremberg*. París: PUF.
- Garapon, Antoine. 2002. *Des crimes qu'on ne peut ni punir, ni pardonner*. París: Odile Jacob.
- Gilbert, Gustave. 1947. *Le journal de Nuremberg*. París: Flammarion.
- Goldensohn, Leon. 2005. *Les entretiens de Nuremberg*. París: Flammarion.
- Merle, Marcel. 1949. *Le procès de Nuremberg et le châtiment des criminels de guerre*. París: A. Pedone.
- Sereny, Gitta. 2007. *Au fond des ténèbres*. París: Denoël.
- Varaut, Jean-Marc. 1992. *Le procès de Nuremberg*. París: Perrin.
- Wieviorka, Annette. 2005. *Le procès de Nuremberg*. Caen: Éditions du Mémorial de Caen.

FUENTES COMPLEMENTARIAS

- Delage, Christian. 2006. *La vérité par l'image*. París: Denoël.
- Hazan, Pierre. 2000. *La justice face à la guerre*. París:

Stock.
- Kempner, Robert. 1972. *Le IIIe Reich en procès*. Bruselas: Casterman.
- Sereny, Gitta. 1996. *Albert Speer, His Battle With Truth*. Santa Cruz: Peter Dimock.

FUENTES ICONOGRÁFICAS

- Geoffrey Lawrence durante los juicios de Núremberg. La imagen reproducida está libre de derechos.
- Fotografía de Robert Jackson. © Harris & Ewing.
- Hermann Göring fotografiado en su celda en Núremberg. © United States Army Signal Corps.
- Albert Speer fotografiado en su celda en Núremberg. © United States Army Signal Corps.
- Fotografía de una sesión del tribunal de Núremberg. © Bundesarchiv.
- Fotografía que representa a los acusados en el banquillo. La imagen reproducida está libre de derechos.
- Göring en los juicios. La imagen reproducida está libre de derechos.

PELÍCULAS Y DOCUMENTALES

- *¿Vencedores o vencidos?* Dirigida por Stanley Kramer, con Spencer Tracy, Burt Lancaster y Marlene Dietrich. Estados Unidos: Roxon Films, 1961.
- *De Nuremberg a Nuremberg*. Dirigido por Frédéric Rossif. Francia: Antenne 2, 1989.
- *Nuremberg*. Telefilme dirigido por Yves Simoneau, con Alec Baldwin, Christopher Plumer y Jil Hennessy. Estados

Unidos y Canadá: TNT y CTV, 2000.

- *Núremberg, los nazis enfrentan sus crímenes.* Dirigido por Christian Delage. Francia, 2006.

en50MINUTOS.es
Historia
Economía y empresa
Coaching
EL DIAGRAMA DE ISHIKAWA
Material   Método   Máquina
Madre Naturaleza   Medida   Hombres
LA GUERRA DE PALESTINA DE 1948
DOMINA EL ARTE DEL NETWORKING